MOYEN

DE RÉTABLIR

LES FINANCES

ET DE LES MAINTENIR EN BON ÉTAT.

MOYEN

DE RETABLIR

LES FINANCES

ET DE LES MAINTENIR EN BON ÉTAT.

La réforme dans les Finances doit avoir deux objets principaux ;

1º. D'assurer constamment des fonds suffisans pour le service public ;

2º. D'éteindre la dette de l'état.

Convenons d'abord que tous les besoins du Gouvernement pour le service public se résolvent en choses et services, et que l'argent qui les représente , n'est qu'un moyen de se les procurer.

Reconnaissons ensuite que la France est assez riche et assez puissante pour les fournir. Cela est démontré par le fait.

Les Finances sont ces choses et services réduits en monnaie.

Il y a pour les obtenir trois voies prin-cipales : les revenus du domaine, les im-pôts, les emprunts.

Les revenus du domaine sont insuffisans.

Les emprunts offrent des inconvéniens innombrables dont les moindres sont, de ne faire face qu'au besoin du moment, et de préparer une nouvelle détresse plus terrible que la première.

Il faut assimiler aux emprunts tous les expédiens onéreux qu'on peut employer pour avoir de l'argent. Tels sont les cautionnemens dont l'état ferait l'intérêt; la création d'offices avec finances, les négociations, etc.

Restent les impôts; mais comment les augmenter sans aliéner l'esprit du peuple, et comment les recouvrer sans le ruiner? Voilà des craintes, souvent trop bien fondées; mais, pourquoi? C'est qu'on demande les contributions à ceux qui ne peuvent les payer, et qu'on ne les demande pas à ceux qui le peuvent. Taxez ceux qui possèdent les richesses ou le signe qui les représente, l'embarras disparaîtra. N'empruntez pas d'eux ce qu'ils sont obligés de donner sans intérêt.

Si dans l'état actuel des choses les recettes n'égalent pas les dépenses, il faut y pourvoir, s'il est possible, par des centimes additionnels aux impôts existans. Si on ne le peut pas, voici le moyen que je propose et qui me paraît préférable.

Que dans chaque département, dans chaque commune, tous les Français soient distribués par classes suivant leur état, leur fonction, leur profession, le genre de commerce ou d'industrie qu'ils exercent. Que le nouvel impôt à lever soit divisé en autant de parties qu'il y a de départemens, suivant leur richesse présumée. Que les préfets et conseils de préfecture partagent la portion échue à leurs départemens respectifs en autant d'autres portions qu'ils comprennent d'arrondissemens ou de communes, et de classes contribuables, eu égard à l'opulence de chacune d'elles, et au nombre d'individus qui la composent ; et qu'enfin chaque classe, parce qu'elle seule peut bien connaître les facultés de ses membres, fasse elles même la répartition de sa part contributive.

Les fortunes sont extrêmement inégales. C'est à cause de cela que pour être justement réparti , l'impôt doit être progressif dans un rapport croissant. Montesquieu l'a dit (Esp. des Lois, liv. 13 , chap. 7), mais je ne le dis pas d'après Montesquieu, la raison le veut, le bon sens le fait découvrir.

Si dans les divers cas de la répartition proposée l'on met cette vérité en pratique, l'impôt sera facile à recouvrer, et il se trouvera que les dernières classes ne paieront rien ou très-peu.

Il y a une loi qui veut que tout Français contribue de sa personne à la défense de l'empire , et elle s'exécute ; serait - il plus difficile et moins important d'établir de même comme loi constitutionnelle et fondamentale de l'état, que l'on n'aura jamais recours aux emprunts ou aux négociations ; que les fonds pour les besoins imprévus seraient levés par voie de contribution sur les classes riches, en descendant par une progression rapidement décroissante jusques aux classes aisées. Le cadre serait toujours prêt, l'exécution facile et prompte.

Cependant , il peut arriver que le besoin soit trop pressant pour que l'on puisse attendre sans danger la rentrée de la contribution ; quelquefois aussi qu'il y ait disette de numéraire pour la payer, ou que l'une et l'autre de ces deux circonstances se rencontrent à-la-fois.

Il y sera pourvu d'un seul coup, si l'état donne ses billets comme comptant (1), sous les deux conditions suivantes :

La première d'être admissibles en paiement des contributions publiques.

La seconde, d'être remboursables des premiers fonds qui proviendront de leur recouvrement successif.

Ces billets feraient fonction de monnaie et seraient reçus comme l'argent, parce qu'avec ces deux qualités essentielles, leur crédit serait inaltérable et sans bornes.

Ils seraient annullés après être rentrés, soit par le paiement des contributions, si elles avaient été payées avec ces billets, soit par le remboursement qui en aurait été fait si les contributions avaient été payées en argent.

Mais, si l'on trouvait avantageux d'en laisser constamment une certaine quantité

_____

(1) Je n'ai pas à indiquer ici comment on les pourrait mettre en circulation sans aucune espèce de contrainte. Cela ne doit entrer que dans les détails de l'exécution.

dans la circulation pour faciliter le change mercantile, on pourrait en faire une nouvelle émission, et tenir en réserve dans le trésor national une somme d'espèces métalliques égale à celle des billets émis. Ces espèces serviraient lorsqu'il y aurait nécessité d'anticiper de nouveau sur le recouvrement des contributions. Alors on ne créerait plus de billets pour les anticipations.

Ainsi, l'état n'aurait plus besoin désormais d'une banque mercenaire toujours circonscrite, et qui lui vend bien cher le crédit qu'elle ne tient que de lui.

Ainsi, plus d'opérations, plus de ces sacrifices pénibles, qui se font quelquefois aux dépens des mœurs, et toujours au détriment du corps politique.

Comme il n'appartient qu'à l'Etat d'émettre une monnaie publique, il devrait ordonner la suppression de tous les billets au porteur, soit d'un particulier, soit d'une compagnie, comme moyens de s'enrichir aux dépens du commerce, et pouvant, sous d'autres rapports, lui devenir préjudiciables.

S'il importe, comme tout le monde en convient, d'alléger le fardeau des impôts, on ne peut laisser subsister la dette , dont les arrérages en absorbent annuellement une partie. Il faut s'en débarrasser au plutôt.

La dette est extérieure ou intérieure. Si elle est extérieure et considérable , c'est un malheur ; il faut la payer promptement : elle pourrait ruiner l'Etat.

Si elle est intérieure , on ne doit pas avoir une semblable crainte. Son énormité même n'a rien qui doive alarmer.

Lorsque , pressé par le besoin , l'Etat a fait des emprunts , si chacun lui eût prêté en proportion de ses facultés , qu'aurait-il eu à faire pour se libérer ? — Ceux à qui il aurait dû , soit des capitaux , soit des arrérages , auraient été ceux-là même qui devaient les payer. Il y aurait eu compensation ; la dette se serait éteinte d'elle-même.

Ce qui ne s'est pas fait d'abord , doit se faire plus tard. Les uns ont fourni plus qu'ils ne le devaient , les autres n'ont pas fourni ce qu'ils devaient. Répartissons la dette , et nous aurons bientôt trouvé le moyen de l'éteindre.

Observons que la dette ne représente que des choses fournies et consommées , et que l'Etat n'a pas à les redemander pour en faire une nouvelle consommation. Il ne s'agit ici que de transporter un peu des richesses actuellement existantes, de certaines mains dans d'autres mains.

Il paroît donc que la dette, si considérable qu'elle fût, pourrait s'amortir dans un seul instant, pour ainsi dire, et sans secousse, si d'ailleurs cette juste répartition que l'on conçoit si bien dans la théorie était possible dans la pratique. Mais l'impossibilité d'une répartition exacte suffit pour faire préférer une extinction partielle.

Pour y parvenir, il conviendrait de tracer une ligne de démarcation entre les dettes faites et les dépenses à faire, après avoir préalablement égalé, ainsi qu'il a été dit, les recettes aux dépenses par les impôts.

Puis, commençant par les dettes les plus urgentes, il faudrait déterminer la somme qu'on en voudrait éteindre dans une année, par exemple, cent millions.

Répartir ensuite ces cent millions sur les classes contribuables. Elles n'auraient pas de numéraire pour les payer; mais on leur en fournirait la quantité nécessaire à cet effet. Voici comment :

En même tems qu'on répartirait ces

cent millions, on créerait pour cent millions de billets qui seraient mis entre les mains des créanciers de l'état qu'on voudrait rembourser.

Ces billets seraient faits sous ces deux conditions :

1°. Qu'ils seraient admissibles en paiement de l'impôt extraordinaire de cent millions.

2°. Qu'ils seraient remboursables par ordre de numéros , des fonds qui rentreraient de cet impôt.

Il résulterait de là :

1°. Que ces billets se répandant nécessairement dans la circulation , on aurait fourni aux contribuables , le signe représentatif de l'impôt la seule chose qui pût leur manquer.

2°. Que les créanciers de l'état seraient à l'abri de toute perte parce que la quantité des demandes des billets qu'ils auraient entre les mains , pour payer l'impôt étant précisément égale à celle des billets émis, il s'ensuivrait qu'ils conserveraient toute leur valeur ; et d'ailleurs s'il leur en était resté dans les mains après la rentrée de l'impôt cela viendrait de ce qu'il en aurait été

payé une partie en argent avec lequel ils
seraient remboursés.

Il faudrait renouveller ou plntôt conti-
nuer la même chose pour chaque année,
jusqu'à l'extinction totale de la dette.

Les billlets après avoir servi à la fonction
pour laquelle ils auraient été créés, se
trouveraient rentrés d'eux-mêmes et seraient
brûlés.

Tels sont en général les moyens les plus
naturels, les plus justes et les plus con-
venables de rétablir et d'entretenir les
finances dans un bon état.

J'ose croire que les esprits éclairés et
sans partialité après les avoir bien saisis,
en reconnaîtront l'excellence.

Pour ceux qui ne veulent entendre que
ce qui est conforme à leurs vues ou à leurs
intérêts, il serait inutile de chercher à le
convaincre. Le Gouvernement est fort; ils
ne peuvent former d'obstacles sérieux.

Mais il est des esprits qui faute de lumières
ou d'une capacité suffisante pourraient s'ef-
faroucher. Ceux-là, il les faut ménager en

donnant à la réforme un extérieur capable
de la faire accueillir.

*Par un ancien élève de M. MORISSE,
ex - Administrateur à la Guyane, et Pro-
fesseur honoraire d'Economie politique à
l'Académie de législation.*

De l'Imp. DEMONVILLE, rue Christine n°. 2.